謹將此書獻給奧克斯（Peter Ochs）

靈修著作精選

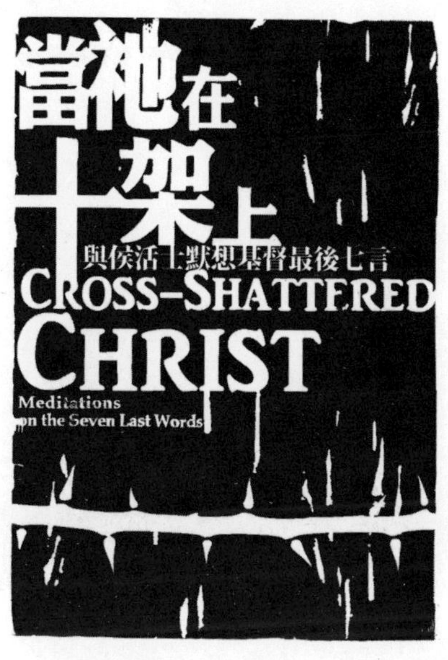

侯活士 著　紀榮智 譯

▼

靈修著作精選

當祂在十架上

與侯活士默想基督最後七言

Cross-Shattered Christ

Meditations on the Seven Last Words

作者

侯活士 Stanley Hauerwas

版畫插圖

比爾霍斯特 Rick Beerhorst

譯者

紀榮智

責任編輯

羅慧琪

裝幀設計

奇文雲海 · 設計顧問

■

出版 / 發行

基道出版社

香港沙田火炭坳背灣街 26 號富騰工業中心 1011 室

LOGOS PUBLISHERS

Unit 1011, Fo Tan Ind. Centre, 26 Au Pui Wan St., Shatin, Hong Kong

電話：(852) 2687-0331　傳真：(852) 2687-0281

網址：https://www.logos.com.hk

承印

陽光 (彩美) 印刷公司

●

7/2013 初版

Cat. No. LP650A

ISBN: 978-962-457-467-8

刷次	10	9	8	7	6	5	4	3	2	
年份	2028	2027	2026	2025	2024	2023	2022	2021	2020	2019

目錄

CONTENTS

前言

短篇作品通常不用設前言。但如果你像我一樣要向很多人致謝，前言就不得不寫了。首要的，我要感激紐約第五大街聖多馬教會（Saint Thomas Church Fifth Avenue）的教區長米德（Andrew Mead）牧師，感謝他邀請我參加他們教會那長達三小時的受苦節崇拜。天曉得是甚麼驅使米德牧師，竟邀請像我這樣的人擔當如此重任，但我非常感謝他和聖多馬教會裏的所有人，讓我有機會參與他們的復活節聚會。大部分會眾逗留了足足三小時，我可以作證呢。

吉爾伯特（Paula Gilbert）讀了這些默想，給了不少非常有用的意見。其實，她的影響力遠超過她明確的建議。她可能認為只是脫口而出的句子，已融入了本書的默想中。艾爾思（David Aers）、瓊斯（Greg Jones）、麥金太爾（Alasdair MacIntyre）及韋爾斯（Samuel Wells）等，也對初稿提出了很多有用的提議。我同事戴維斯（Ellen Davis）教授細讀這書的默想內容，我尤其感激她。她為我應怎樣改寫內文以達意，提供重要的提議。這書的默想能得聞於世（但我未能遵照她的所有提議），有賴戴維斯那充分的影響。

我也感激克拉普（Rodney Clapp），不但因他出版這些默想，更因他就這書的內容和風格提出絕妙的提議。克拉普一直慫恿我寫一本「短篇作品」，而這書就是了。我不知道這樣的書是否會不虧本，但克拉普和他在布拉索斯出版社（Brazos Press；以及貝克出版社〔Baker Press〕）的同事，為了愛上帝和愛教會的緣故，願意出版這書。我盼望這書為那項目可派上一點用場。

這書英文版書名（*Cross-Shattered Christ*；意即被十字架粉碎的基督）取材自迪恩（John F. Deane）所寫的一首詩〈憐憫〉（"Mercy"），收錄在他的作品《粗暴對待上帝》（*Manhandling the Deity*）中。那首詩的頭兩段如下：

今早我們不聖潔地歌唱，祈禱
像我們未被破碎；扭曲
那懸掛的基督人像，伸展
於我們之上的染血木頭上；
迂迴的上帝，住在陰暗處的那位，
憐憫我們；

不死的、被十字架粉碎的基督——
願祢安慰的恩典臨到我們。

閱讀這書的人，如果熟悉我之前的作品，或會覺得這裏的「侯活士」（Hauerwas）怎麼不同了。這些默想內容裏，沒有幽默（humor）的成分。雖然我認為「幽默」（至少非殘酷的幽默）與「謙卑」（humility）有深層的關係，但就這些默想的題材，我真的想不到如何可運用幽默。我也沒有爭辯，除了為著嘗試展露我們自以為是的傲慢。所以，這些默想是不同的，但我盼望讀者會在這裏找到那鼓動人的起源；我盼望那起源為我嘗試去做神學的方式帶來動力。

我把這書獻給奧克斯（Peter Ochs）教授。把一本「這麼基督教的」書獻給一個猶太人，看來似乎很奇怪。我告訴奧克斯，我想把這書獻給他，但希望他先讀一下這些默想，因為對於這些內容，他可能覺得把這書獻給他並不合宜，甚或令他尷尬。奧克斯是我的好友，我知道他會實話實説。他這樣回覆：

> 這七言（dibberot）顯示出，你從小受到多少培育，不獨關於聖子的服事，也同時關於以色列的——關於祂的肉身（His Flesh）的。願祂的復活，如同祂的死這不爭的事實，在你裏面照耀。我想，這驅使你越過人性的自我中心；這樣的自我中心，籠罩在現代性（modernity）中的所有人，甚至教會（Church）和猶太會堂（Synagogue）。但我們當然也看到你裏面的光（Light），那份高興喜樂，是如他者般既完全神性又完全人性的，不是嗎？

「……深淵就與深淵響應」（詩四十二7）。與我並與以色列人分享基督信仰那最親密時刻的親密，並不令人尷尬——除非愛令人尷尬。（如羅森茨韋格〔Franz Rosenzweig〕寫道，「愛我吧」這請求令人尷尬，是因它令我察覺和承認，在這愛面前，我是個罪人。）而按我所理解，這不是個單向的分享。我們被愛，也去愛。我們都是罪人，但都是蒙愛的。

這樣的回覆表示，我不用解釋何以把這書獻給奧克斯教授；他親切地，稱我為朋友。

導論

即使我是研究神學的，「奧祕」（mystery）這個詞，也不是我常用的詞彙。甚至因我是研究神學的，才避免用「奧祕」這詞。說我們基督徒所相信的奧祕難測（mysterious），會引來這假設：我們所相信的並不可信。簡言之，「奧祕」意味我們所相信的有違理性和常識。我們所相信的確是有違理性和常識；但我相信，基督徒所相信的，是我們可以用來解釋萬事萬物的論述中，最合乎理性和常識的。

因此當我在這些默想中使用「奧祕」這詞去描述「三一」(Trinity)和「道成肉身」(Incarnation)的基督教教義時,我是盼望提示讀者,反思耶穌在十字架上的七言,將測試我們最深層的神學確信(convictions)。「奧祕」不是指稱一個無法解開的謎。相反,「奧祕」指稱某些事我們已知道,只是我們知道得愈多,便愈迫使我們重新思考自己以為已知道的一切。所以,我盼望這些默想尊重那奧祕——耶穌在十字架上的七言中所顯明的奧祕——是我們相信上帝所不可缺少的。

換句話說,我嘗試處理這七言的方式,是不去就耶穌在十字架上對我們所說的話提供任何解釋(尤其心理學的解釋)。我的確信是:解釋,即是嘗試使耶穌配合我們對事物的理解,不得不馴化及馴服上帝——我們作為基督徒所崇拜的——的狂野(wildness)。我因而發覺寫作這些默想很難和不容易。我盼望讀者也會覺得這些默想很難讀和不容易讀。我盼望這種難和不容易非因我未能清晰地表達自己（雖我自知我常常表達不清晰），而是由於我們難以接受，在十字架上聖父犧牲聖子的實況。

毋庸爭辯，這些默想是神學性的。始終，我是研究神學的。但我盼望讀者也發現，這些默想的神學特性並不表示它們不包含有關存在的「刺痛」（existential "bite"）。我認為沒有別的東西，比我們今天那甚為控制人心的，以至冒充為基督信仰的多愁善感（sentimentality），更摧毀我們那承認被釘的耶穌是主的能力。多愁善感試圖使福音配合我們的需要，使耶穌基督成為我們的「個人」救主，把基督在十字架上的苦難當成一般躲不過的片刻間的苦難。我希望這些默想裏無情的神學特性，有助我們避免那叫我們犯罪的試探——把耶穌在十字架上的說話，當成全跟我們有關的。

我叫讀者注意這些默想的神學特性，並不意味我對耶穌在十字架上的說話的反思，比其他人對祂說話的詮釋「精明」或「睿智」。情況正好相反。我下了很多工夫，避免我對這七言的神學閱讀，取代了七言本身。神學是個服事教會的學科，而就如所有這樣的學科，它可以被那些奉召踐行這學科的人運用以獲取權力，去支配那些受這學科服事的。結果，研究神學的人談論聖經的說話，變得比經文本身更重要。

神學是一門精緻的藝術，是基督徒羣體保持自己的故事有條理所不可缺少的。那故事包括信念（beliefs）和行為（behavior），都是那故事內容所需要的情節。所以，神學的工作是永不會完成的。神學的工作永不會完成，不單因為我們處身於瞬息萬變的世界，而是更重要是，因為我們講述的那故事，不容許任何預早收結。那故事，耶穌在十字架上的七言，迫使我們確認：過去（past）非過去，除非它得到了救贖（redeemed）；若不從這樣救贖（redemption）的角度去看現在（present），現在就不能被確信知道；而將來（future），只存在於因耶穌的十字架和復活而成真的盼望中。簡言之，至少其中一個神學任務，也是我在這些關於七言的默想中想要達成的任務，是為我們的時代提供一個適切時代的聖經理解。

不過，在這些默想中，我充其量是嘗試去點出，我們這常稱為「現代的」（"modern"）時代的特點。我不希望我怎樣理解「現代」對我們的意義，會令讀者接受或反對這些反思。不過無可否認，我寫這些默想的時候，算是頗為了解今時今日神學論述（discourse of theology）面對的困難。我寫完這些默想後，才讀到威廉斯（Rowan Williams）所寫的《聖公會的身分》(*Anglican Identities*)。他指出今天神學要應付的難題，是「如何把植根於『極端』經歷和用語的信仰語言(language of faith)，在中產的環境中演繹出來，而不帶為己謀私的戲碼的」。我相信，任何人嘗試反思耶穌在十字架上的說話，也會面對這挑戰。我不能假裝自己已成功了，但我是這樣理解這挑戰的。

在《聖公會的身分》中，威廉斯在評論到大主教拉姆齊(Michael Ramsey)的作品時指出，我們必須時刻防備意識形態的枷鎖，它威嚇要接管以教會為基礎(church-based)或以教會為中心(church-focused)的神學。我當然提出了這樣的神學，也不會愚笨到否認這些默想裏充分呈現了神學的強調。威廉斯指出惟一方法，可以避開這樣的枷鎖，就是要記得即使教會在聖餐(Eucharist)時可能完全稱得上是教會，它的生命不因聖餐而被耗盡：

> 有一種生命是時常竭力要在「會眾」(assembly)以外，覺察會眾所宣告的。在那個處境下，神學需要指稱「羞辱」(humiliation)，以致識別在崇拜中它的作為的先知式含義(prophetic import)，尤其甚至連崇拜的表達方式和結構，在任何會顯示出不公正或背離福音的時候(如當被按立的職事談及某種形式的社會排斥，當儀式談及焦慮或奴役，或當語言喚起離間或壓迫的形象)。

我盼望這些默想，有助我們指稱那種基督徒敬拜上帝之核心的「羞辱」。我全心相信，面對經常引誘人背離福音的試探——教會歷史已充分展示了的試探——今天的基督徒靠嘗試仿效寬容的假謙卑，是不能抵抗的。更確切的是，所有的扭曲，因「為己謀私的戲劇性」似是比沉悶更佳的選擇，所以更為吸引；要抵抗意識形態扭曲我們信仰（faith），基督徒的惟一資源，是我們對基督在十字架上向之禱告的上帝的信仰。

這位上帝，這位以詩篇祈禱的上帝，用特納（Denys Turner）的說法，這個上帝「超乎我們所能理解，並非因我們不能言說上帝，而是因我們被迫言說過多」。情況不是彷彿我們欠缺言說上帝的事情。相反，我們發現，從耶穌在十字架上的說話最清楚發現，無論我們怎樣言說上帝，都不能道出上帝真貌。上帝的黑暗，在基督的十字架上最清楚可見的黑暗，是過度的光。並非「上帝是太不確定的（indeterminate），以致祂是不可知的；上帝是不可知的，因祂太徹底可確定，因祂太過**完全實現**（actual）。那神聖的不可知性在於那過度的實現（excess of actuality）中」。只因在「我的上帝！我的上帝！為甚麼離棄我？」這句話，最確定地把上帝揭示出來，因此基督徒決不可以為，可將上帝據為己有，而非反過來，自己被他們敬拜的上帝所有。

上述沒有「解釋」我對耶穌這最後七言的默想。我在第一言的默想引述了巴爾塔薩（Hans Urs von Balthasar）在《復活節的奧祕》（*Mysterium Paschale*）中一段很長的文字，我只是盼望這篇導論有助一些讀者明白，為何那段引文對闡述餘下六言那麼重要。若沒有巴爾塔薩的超凡著作，我不知道我能否寫出這些或許缺乏創見的默想。（我寫作這些默想時也運用了其他資料，但我不想讀者為註腳分心。取而代之，我在這書最後附加了一個參考書目，列明我曾用的資料。）

我於上文已坦承，我覺得寫這些默想是很

難和不容易。我甚至不肯定，自己所寫的是否適合稱為默想。它們明顯不是講章。它們也不是純神學（theology proper），但我是否曾寫過「純神學」（“theology proper”），這也說不定。但無論書中所寫的算為何物，我盼望讀者將會發現，像我被迫發現一樣，藉著耶穌基督的生、死和復活，我們此生已得救贖——確已成真，實在是不可思議。

1.
第一言

「父啊！赦免他們；因為他們所做的，他們不曉得。」（路二十三34）

試回想摟抱剛出生的嬰孩，或攙扶起病重並垂死的祖父母或年老朋友的一刻。我們不禁想去擁抱自己心中所愛，但他們竟是太珍貴、太脆弱、太美麗，令人不敢抱緊。耶穌在極度痛苦中說出這些在十字架上的說話，使我們落在同樣的景況。我們立時被這些說話牽引，卻又意識到自己不能參透它們的力量，害怕把它們拿起來捧讀。

這樣害怕，非無道理。我們害怕一旦參透了十架七言，我們珍而重之的一切就會受到威脅——這是指，活著的每一日（the everyday）。

人活著的每一日，常常會面臨死亡的威脅，但我們依賴那些否定死亡（death-denying）的例行常規，使生活回復正常狀態。但這樣的死，這幾句註定死亡（death-determined）的説話，絕非等閒。這是上帝兒子之死，是涵蓋死亡之死，要挑戰我們的假設：我們以為自己已經、或能夠按自己所定的條件去「跟死亡講條件」。去參透這死亡，跟這些説話打個照面，意味人生決不可能回復正常。

這第一言「父啊！赦免他們；因為他們所做的，他們不曉得」，似乎可給我們安慰。可是，巴爾塔薩在《復活節的奧祕》中提醒我們，這一句話被當成「第一言」，是由於要協調四福音；而這個協調的做法是個問題。事實上，巴爾塔薩主張，十架七言之第一言，應是馬太福音和馬可福音中，我們讀到的、在十字架上的惟一一句話，而那是個被離棄的呼喊。

無論如何，劈頭說：「以利，以利，拉馬撒巴各大尼？我的上帝！我的上帝！為甚麼離棄我？」我們實在承受不了。若這人是上帝的兒子，我們怎樣理解這樣的呼喊才好？我們不禁會想：「祢若是上帝的兒子，豈可這樣說話呢？祢若是上帝，是三一的第二位格，祢怎可能被離棄？」如此的上帝，顯然成問題。詩篇中開了不少先例，表達被上帝離棄，但我們認為詩篇是寫出我們的絕望，道出我們被離棄的感覺，而非上帝被離棄。所以，我們假設，上帝用詩篇來祈禱不成體統。面對十字架上的這些說話，我們幾乎沒可能忍住不去保護上帝，不讓上帝做上帝。因此，我們找方法解釋耶穌怎麼或為何可以說出被上帝離棄的話來。

巴爾塔薩必定是弄錯了。耶穌最先祈求寬恕一切要把祂釘死的人——別忘記，要釘死耶穌的人可能包括我們在內——似乎給我們所需要的那類解釋，將耶穌救出被離棄的荒謬。這些解釋通常稱為贖罪理論（atonement theories）。這樣的理論想幫助我們明白，何以上帝之子耶穌不得不死。我們認為事情簡單不過：我們以往與現在都需要得寬恕，所以耶穌不得不死。但諷刺的是，這樣的焦點把注意力從耶穌身上轉移到我們身上了。我恐怕，這是個致命的偏差，因我們一旦以為這通通是為了我們的，是為了我們需要得寬恕，十字架便鋪蓋著一份造作的悲情（bathos），向我們遮蔽了這事實：在這裏最首要的是看見上帝。

另外，這些說話一旦被扭曲來滿足人的需要，給我們一個我們相信自己需要的神（god），我們便幾乎沒可能忍住不用臆測的（speculative）進路，去解讀耶穌在十字架上的說話。例如，我們會將耶穌猜想成奇妙的救主，祂即使受折磨，仍願施恩寬恕我們。當然，我們其實不太肯定自己做了甚麼事，需要如此的寬恕，但我們甘心去想出一些罪狀。諷刺的是，為要明白我們需要得寬恕是指甚麼，我們往往把注意力放在那被稱為「人的景況」（“human condition”）的東西，過於放在十字架和懸掛在其上的上帝。

我們在不曾知道自己在做甚麼的時候，便甚至可開始思想我們是否需要得寬恕。耶穌似乎不明白，我們按現代人的問責原則，只有在知道自己做錯甚麼事之時，才需要得寬恕。不過，我們把疑點利益歸於耶穌，只管承認自己時常做了不應做的事，心中或也隱約感到不該做的。所以，既然我們感到自己做了本來不應做的事，或許需要為此求寬恕。

我們的自戀心理更會誘使我們，以跟其他人之死作類比，去理解耶穌之死。有人遭不義權勢害死。有人因堅持先知立場而被殺。有人看似白白送死，後來才為後世所重視。有些人之死，為人人終歸要死的絕望感帶來一絲希望。但是，耶穌之死不是殉道士之死。這些十字架上的「遺言」不是因人之將死，一無所輸，其言也真。耶穌由得自己被交出來，不是試圖為死亡賦予意義和目的。潘霍華（Dietrich Bonhoeffer）指出，耶穌的死和復活不是死亡問題的解答，這倒是上帝之子的死。

這也明確提醒我們，這些說話最首要的不是關係到我們自身，不是關乎我們卑劣的罪性。祈求「父啊！赦免他們；因為他們所做的，他們不曉得」的這一位，是三一的第二位格。聖子呼叫父，甚是親密。這麼公開流露的愛，令人尷尬，叫我們轉臉不看。麥凱布（Herbert McCabe）認為，「父啊！赦免」這說話，不下於把三一上帝的內蘊生命（interior life）揭示給信心的眼睛得見。聖子請求聖父寬恕（forgive；編按：經文中譯作「赦免」），實在匪夷所思，如果所指的寬恕純粹只關係到我們，或純粹只關乎我們因面對死亡而掙扎著想參透人生意義。藉著這行動，藉著這句話，耶穌排除任何臆測的理論——試圖強行使耶穌這些說話和這死亡，符合我們所理解關於世界的復和（reconciliation of the world）所必需的條件。巴爾塔薩這樣說：

> 針對此等漫無邊際的臆測，我們應該記得上帝有祂的（無限自由的！）至高主權，是祂自己行事的絕對基礎和意義，所以只有愚昧無知才會令我們忽略上帝實際做了的事，支持要尋找祂行事的其他可能性。但更重要的是，我們必須正面指出，與失喪的人站在同一陣線，比以外在的表現代替

> 他們死，前者來得更偉大。這不只是因宣講上帝的道，惹起罪人反抗，而碰巧導致被殘殺……因救贖的行動是在於由聖父那絕對獨一無二的聖子，以絕對獨一無二的方式擔當世人的罪；惟有神人二性的聖子，才能完成這職事（office）。

難怪我們覺得受難日（Good Friday）粉碎一切？在這天，加上「父啊！赦免他們；因為他們所做的，他們不曉得」這話，對於上帝和祂所成就的救恩，我們的所有推測（presumptions），都變為自以為是的（presumptuous）。而且，我們是這樣才發現，十字架上所發生的確實是與我們有關，但那與我們有關的「甚麼」，卻動搖我們，動搖我們對需要哪種救恩的推測。透過基督的十字架，我們被牽引進入三一的奧祕。這是上帝為我們而做的工作。我們得以成為一個國度的成員（members），這國度由寬恕和救贖的政治所管治。世界有了不一樣的選擇——是我們註定犯罪（sin-determined）的想像所不可能猜想出來的。

建構這種政治，不是靠隱隱企盼一些遙遠的理想，卻是要用血和肉。血和肉，真實如阿爾及利亞（Algeria）提比鄰修道院（Tibhirine monastery）熙都隱修會（Trappist）院長德謝格（Christian de Cherge）。德謝格和那些與他同工的修士都知道，伊斯蘭極端分子在一九九三年冒起之後，若不撤離阿爾及利亞，他們也許會遭殺害。德謝格料到自己會死——他在一九九六年被回教極端分子斬首——預先留下遺書給家人，囑咐在他死後才拆封。在遺書中，他請求愛他的人祈禱，祈求他這樣犧牲是值得的。他表示恐怕有人會利用他的死，來控訴廣大的伊斯蘭教徒——這些人是他所愛的，他去到阿爾及利亞是為了愛他們。他的遺書最後提到：

> 我的死，顯然讓有些人認為他們的想法沒錯，他們不理會我，認為我是天真或理想主義：「叫他告訴我們，他現在怎樣想吧！」但這些人應要知道，我這樣死，將會滿足我最熾烈的好奇心。最終，上帝若願意，我將能夠用祂一樣的眼光去看伊斯蘭的兒女，見他們身上煥發基督的榮光，同享上帝受難和聖靈的恩賜；而在我們的差異當中，聖靈神祕的喜樂總是帶出我們共同的人性。
>
> 我感謝上帝賜我這生，此生完全屬我，也完全屬他們。我也感謝上

帝，祂想我在這生，不管困難重重，仍然喜樂。這**感謝**，表示我人生的一切——我包括你，我的新知舊友，以及那些會在這裏、站在我父母和兄弟姊妹身邊的朋友——我感激不盡。

我也感謝你們，我最後一刻的朋友，你們不會知道自己在做甚麼。沒錯，也感謝你們，我希望這感謝、這「再見了」（“A-Dieu”），上帝的形象也在你們裏面，以致我們可以在天國再會，如快樂的強盜一般，若這叫我們共同的父、上帝喜悅的話。阿們！願阿拉的旨意成就！

基督的死，使德謝格殉道成為可能的事。他的生命是一個見證，讓我們一瞥何謂被牽引進入上帝，聖父、聖子和聖靈的生命，那被釘十字架的生命。既是如此融入上帝的愛，便剝去我們一切自以為的把握，以致有可能像德謝格的生命一樣，深信只有上帝之獨生子耶穌才有資格請求聖父，寬恕像我們這些寧願殺人也不肯面對死亡的人。正因如此，我們理應被十字架所牽引，理應記念耶穌的話，從而盼望自己可為世界，化成藉基督的十字架給我們作成的寬恕。

2.

第二言

「我實在告訴你，今日你要同我在樂園裏了。」（路二十三43）

耶穌在十字架上說話，四周一片靜默，令我們心煩和受威嚇。這種被註定死亡的沉默，將我們吞噬，我們覺得這些說話太神祕莫測。怎能預期我們明白它們的意思？我們渴望知道更多故事的細節，好弄清楚事情的來龍去脈。甚至連耶穌向那罪犯所說的話——在或可被視為一個短劇的結尾中出現的——也未能滿足我們的好奇心。為何其中一個強盜嘲弄耶穌，另一個卻似乎認出耶穌是誰？說這二人是罪犯，所指何為？這二人是否有可能同屬於奮銳黨，誓死推翻羅馬對巴勒斯坦的佔領？其中一人嘲笑耶穌，會否因耶穌至終沒有成為以色列一直期盼的解放者？那個好嘲弄的強盜，是否就像在以馬忤斯路上的兩個門徒，既得知耶穌已不在墓穴裏，但仍要離開耶路撒冷，由於他們認為這位耶穌看來不像他們一直盼望，將要「救贖以色列」的那一位？畢竟，又豈有救世主會最終被釘十字架？但如果問題在於，耶穌看來不像以色列所期盼的救贖者，那麼另一個強盜何以能察覺這懸掛在十字架上的失敗者，必會進入一個國度？

我們深感無奈，不只因耶穌在十字架上的話太神祕莫測的特質，也是因福音書基本上的緘默。我們以為，假如可更多知道耶穌真正是何許人，更多知道祂真正怎樣看自己在做甚麼，那麼相信上帝，至少是指相信耶穌基督的上帝，就肯定較可理解了。舉例說，四福音書為何幾乎沒有透露耶穌成長的經過，或祂與女性的關係？然後還有那些比喻。假若祂有解釋，祂想我們明白甚麼，那便好了。可是即使祂順應門徒的請求解釋，講解的內容跟比喻本身一樣，常令我們費解。因我們對耶穌所知甚少，只好大肆發揮想像力去填補福音書中的缺乏，對十字架上的這些說話，尤其如是。

但我相信福音書之緘默，以及十字架上這些少量說話，並非偶然。相反，那緘默是上帝給我們的操練，為要牽引我們進入，使我們參與十字架所成就之救贖的沉默。在我們所見的世界——一個似乎把相信上帝這回事當作不顧一切無理性的世界——基督徒被吸引要更多說明我們相信甚麼，過於我們能夠或應該說的。研究神學的人尤其面對這種試探，特別是像我這類研究神學的人，愛好批評教會遷就世界的做事方式的，時常預設自己知道更多上帝想我們知道的事，過於我們能保證的。

威廉斯在他的《受審的基督——福音書如何顛覆我們的審斷》(*Christ on Trial: How the Gospel Unsettles Our Judgment*)中指出:「上帝串連線索,非我們所能做到。」這句妙語提醒我們,相比聖經加諸給我們的沉默,我們渴望談論和知道更多,這就顯示出我們對這個上帝——人藉著十字架上的受難來知道祂——的奧祕忐忑不安。我猜疑基督徒同樣深受懷疑主義(skepticism)的影響;而面對現代的懷疑主義,我們試圖帶著十足把握去談論上帝,對敬拜被釘十字架之上帝的羣體來說,這暴露了一種不合宜的肯定。

在《宗教經驗之種種》(*The Varieties of Religious Experience*)的〈總結〉中,詹姆斯(William James)巧妙地描寫到我們,這些深受現代思維影響而給成形的人,對自己身處的世界所作的推測。此外,我認為詹姆斯的描寫有助我們明白，為何我們如此不顧一切要更多知道我們在耶穌身上所尋見的那上帝，過於我們所能知道的。詹姆斯指出，如今我們的生活由科學假設所組成，以致要相信如詩篇作者所說的「諸天述說上帝的榮耀」，實在很難。舉例說，我們如今知道太陽系在荒渺的時空中，為過眼雲煙、偶然的意外，至終毫無生命迹象。我們的世界若有任何意義，那是由人加上的。詹姆斯指出：

> 自然神學（natural theology）的書籍反映出的上帝，讓自然界最偉大的事物順應我們私人的想望；這些書籍符合我們前人的思維，但我們卻覺得怪誕。科學所承認的上帝，必須只是普遍法則（universal laws）的上帝，這上帝只做批發，不做零售。祂不可能

> 為了個人的方便，而調節祂的工作程序。風暴下海上翻起的泡沫，是流動的插曲，由風和水的力量所生成和消滅。我們個人的自我（private selves）就如這些泡沫——我相信就如克利福德（Clifford）很有創見地稱它們為「附帶現象」（epiphenomena）；在世事不可逆轉的洪流之中，它們的命運無足輕重，也不決定任何事。

我們也許是基督徒，但我們對自己想像的習慣感到害怕，而且我們的生活方式常常暴露出我們害怕，怕自己只是風暴下海上的泡沫。漫無目的之宇宙氣象生成了我們，而同一氣象將會滅絕我們。我們擔心自己死後滅迹，因將來必無其他生命察覺或記念我們曾留下的痕迹。於是，我們活得不顧一切、徹底，為求不被遺忘。舉例說，我們以自己身為史上最強大國家的國民而感到安慰。如是者，我們被吸引去支持美國運用國力和財力，即使這可能不公義，但卻被假設為維護國家權勢的必須手段。身為如此國家的國民，最少意味我們的人生將不被遺忘。歷史之歷史被寫下時，美國就如羅馬一樣，沒可能被遺忘；我們身為美國人，將在歷史中佔一席位。思想上如此受了改造的人，難怪會相信，發生在耶穌身上的事是跟我們的重要性（significance）有關吧？我們見到基督生平及祂被釘十字架的記述不吸引又缺乏，難怪心中甚為不滿吧？

所以，對那強盜的懇求，我們幾乎不可能沒共鳴。親愛的耶穌，請記念我們。請保證我們的人生會有重要性，不會只是生命泡沫中冒起的泡影。可是，耶穌釘十字架的同伴並非求被記念，以致他的人生將有重要性。反而，他如詩篇教導以色列人所祈求的，懇求耶穌進入祂國的時候，要記念他。如此的請求不可理喻，除非耶穌——此刻正跟那強盜一同被釘十字架的——能夠實現如此的請求。我們不顧一切求被記念，生怕自己化為烏有。反之那強盜帶著信心求被記念，因他認出那一位（the One）是能夠記念人的。這實在很不尋常。那強盜能看出和承認，那一位就是救贖以色列的。在詩篇中，詩人通常會向上帝求助，傾吐心中的絕望。但通常未見有幫助，然而詩人仍歌唱：

> 我的心哪，你為何憂悶？
> 為何在我裏面煩躁？
> 應當仰望上帝，因我還要稱讚他。
> 他是我臉上的光榮，是我的上帝。
> （詩四十二11）

那強盜認出，這位耶穌就是上帝的詩篇，藉著忍受死亡去戰勝死亡。

另外，那強盜是對的，相信耶穌是關乎到一個國度；一個國度，威脅著這世上的國度的，因這世上的國度必定是建造在謊言之上，為我們試圖忘記自身是註定會死的受造物所必需的。「你們也應當如此行，為的是記念我」。「記念」（remembrance），是必須在基督的十字架前採取的、終末論式政治（eschatological politics）——即一種盼望的政治（politics of hope）——的形式。這種政治不是某種於將來實現的烏托邦理想；它真實如我們每週日所領受的基督的身體和血——真實如德謝格般的生命。

按字面上意思，記念（remembrance）就是重新作成員／肢體（re-membered）。藉著洗禮，我們被賦予新的身體——與其他一同構成基督身體的眾身體不再分開的身體——我們從而能夠記得，我們是透過記憶而活著。惟有基督，惟有三一的第二位格，才能向那強盜和我們承諾，今天我們會與祂同在。與耶穌同在，被耶穌稱為朋友，這就是樂園（paradise），因為耶穌就是上帝的國，耶穌就是國度本身（autobasileia），是被釘十字架者的國度。我們需要知道的，僅此就夠。進樂園，即是「與耶穌同在」，被十字架上所顯明的愛所牽引，進入上帝的生命。我們得救是本乎作為上帝身體的一部分，即上帝化成血肉的記憶，以致世人知道，我們得到救贖，不再抱這熱烈並不顧一切的渴想，要保證我們不會被遺忘。

在此，在這被釘十字架的彌賽亞身上，我們見到那使太陽和星星運行的愛。「與耶穌同在」，意味我們沒有「迷失在宇宙中」，反而可以憑著信、有把握地認出，上帝不是別的，正是在拿撒勒人耶穌身上所找到的這位。我們怎麼會認為，我們需要比那強盜知道得更多？我們可以像那強盜一樣，活著時盼望和相信，而那惟一重要的記念，就是被耶穌記念。

3.

第三言

「母親，看，你的兒子！……看，你的母親！」（約十九 26～27）

但丁（Dante）稱呼馬利亞為「童貞聖母，祢子之女」（"Virgin Mother, daughter of thy Son"）。對於假設耶穌在十字架上向馬利亞所說的話，不過是兒子記掛母親安康的示範，但丁形容馬利亞為「祢子之女」，是對任何這樣的假設提出異議。耶穌把馬利亞託付給「他所愛的」門徒，可能是，也可能不是擔心馬利亞生活無依。但我們要記得，這句十字架上的說話被記載在約翰福音裏。這個耶穌在迦拿婚宴之酒用盡時，用不客氣的話草草回答母親：「母親（原文是婦人），我與你有甚麼相干？我的時候還沒有到。」（約二4）耶穌稱呼自己的母親為「婦人」，祂也用這稱呼，來回應那有五個丈夫的撒馬利亞女人（約四21），以及那個行淫時被捉的女人（約八10）。在迦拿婚宴和在十字架上，耶穌都稱呼自己的母親為「婦人」，至少顯示，對於祂的「媽媽」，這不是個多愁善感的要求。

儘管現在的推測認為，基督教是重要的，全因基督徒是擁護家庭（pro-family）的，但我們必須承認，沒有一卷福音書描寫耶穌為善待家人的（family-friendly）。在馬可福音中，耶穌得知祂的母親和弟兄「在外邊，打發人去叫他」，耶穌回應說：「看哪，我的母親，我的兄弟。凡遵行上帝旨意的人就是我的弟兄姊妹和母親了。」（可三34～35）我們也別忘記，在路加福音十四章26節，耶穌說：「人到我這裏來，若不愛我勝過愛（愛我勝過愛：原文是恨）自己的父母、妻子、兒女、弟兄、姊妹，和自己的性命，就不能作我的門徒。」我們渴望將耶穌「正常化」，將祂描繪為喜愛小孩的人，我們想忘記耶穌沒結婚或沒生孩子。耶穌歡迎小孩子到祂那裏來，視之為是天國的彰顯，也許只因小孩子沒有孩子。

我提出耶穌一些反對家庭的言論，並非為了貶低祂在十字架上向馬利亞的稱呼。反而，我認為我們要先看出馬利亞不是一個平凡的母親，才能懂得欣賞耶穌何以將馬利亞託付給祂所愛的那門徒，又囑咐那門徒將馬利亞視為母親。確切點說，馬利亞是首生的新造的人（firstborn of the new creation）。馬利亞沒有回答加百列說「我在這裏」，我們就沒有救恩。所以，甘達拉麥薩（Raniero Cantalamessa）為他那談論馬利亞的著作，起名為《馬利亞：教會的鏡子》（*Mary: Mirror of the Church*），這實在正確。

此外，甘達拉麥薩提出那引人入勝的觀察：在新約中，耶穌不時被稱呼或想像為新的亞當、新的摩西或新的大衞，卻從沒有被稱為新的亞伯拉罕。對於耶穌沒有跟亞伯拉罕串連起來，甘達拉麥薩指出理由很簡單——馬利亞才是我們的亞伯拉罕。就如亞伯拉罕沒有違抗上帝的旨意，離開他父家前去一片新土地，馬利亞聽到上帝宣告，她要藉聖靈的大能生一個孩子，她沒有違抗。亞伯拉罕的信心預示著馬利亞的「我在這裏」，因正如我們是憑著信成為亞伯拉罕的兒女，我們也藉著馬利亞的忠信，成為在基督裏開創的新時代的兒女。

上帝制止亞伯拉罕下手要獻以撒為祭，但聖父沒有阻止馬利亞之子犧牲。耶穌吩咐馬利亞「看你的兒子」，是叫馬利亞看出她肉身所生的這一位，是為了犧牲自己而誕生，叫人可以得生。尼撒的貴格利（Gregory of Nyssa）這樣説：「思索這奧祕的人，寧可不説祂受死是祂出生的後果，而是説祂出生是為了祂能受死。」昔日當上帝要考驗亞伯拉罕，吩咐他犧牲以撒之時，亞伯拉罕説的「我在這裏」（創二十二1），並沒有叫以撒就此死去。但馬利亞説「我在這裏」後，卻未能救她兒子，免於生來為死在十字架上。

希伯來書十一章提醒我們，我們的祖宗和前人「因著信（faith）」而活。但真以色列之女兒馬利亞所受到的考驗，是以色列中前所未見的。耶穌説「看你的兒子」，叫馬利亞要親眼目睹聖子被殺為祭，叫她進入十字架的黑暗，卻又要抓緊她從聖靈所領受的應許，這就是那位趕散狂傲的人，叫有權柄的失位，叫飢餓的得飽美物，並實現向亞伯拉罕和他後裔所應許的。她的兒子，彌賽亞，必會從十字架成就這一切。

耶穌吩咐馬利亞，將「他所愛的門徒」視如己出，看他為真正的家人。馬利亞吸引門徒進到教會，分享她的信仰（faith），我們才有機會信。此際，在十字架之下，我們藉著教會的開始，被牽引進入救恩的奧祕。馬利亞，新的夏娃，為我們的緣故，在那個只有上帝才能創造的新的實在（reality）、新家庭中，成為頭胎生的。奧古斯丁（Augustine）指出，上帝在不用我們同工下創造了我們，不肯在沒有我們同工下去拯救我們。馬利亞就是這「我們」的首位重大代表。因此，猶太人馬利亞，單獨一人替我們成了我們信仰的先驅，使基督徒不可能忘記，若沒有上帝向以色列的應許，我們的信仰就是徒然的。基督徒要是貶低馬利亞在我們的救恩裏的角色，我們便會想忘記，上帝仍然信守祂向祂子民猶太人的應許。我們的救主是由馬利亞所生，使我們像猶太人一樣，成了如同一個身體般的子民，因信那一位（the One）——叫我們看祂被釘十字架的身體的——而活。

耶穌因此吩咐祂所愛的那門徒，不是將馬利亞視作耶穌的母親，卻是要看出她是「你的母親」。馬利亞在我們救恩裏的角色殊異，並不表示她與教會分開出來。反而，馬利亞在我們救恩裏的角色是單一的，因為從耶穌所愛的那門徒開始，她被當作教會的成員（member）之一。馬利亞是我們的一分子，這意味她與我們的差距，等同於她與我們，跟三一與我們的差距，即是受造物與創造者（Creator）的差距。奧古斯丁這樣說：「聖母馬利亞，萬福馬利亞，但教會比童貞女馬利亞重要。何以如此？因馬利亞是教會的一部分，她是神聖又出類拔萃的成員，超過所有其他的，但她只是整個身體的一個肢體（member）。而如果她只是整個身體的一個肢體，身體肯定比起一個肢體重要。」

所以願我們永不忘記，我們，就是那教會，構成馬利亞的家。另外，這個家沒有應許給我們安全，而是不斷挑戰我們，從萬國中被召出來，成為作上帝子民的一羣人。那一位（the One）拒絕用暴力取勝，世人則相信惟有用暴力才能達致有限度的善，確保我們將會被記念；那一羣人，因相信那一位而得以組成。拒絕借行善的名義使用暴力，不表示這羣人可以忘記在馬利亞的得勝頌歌中被提名的那些人——那些窮人和無權勢的人。相反，這表示這羣人必須像馬利亞一樣，憑著盼望而活——因著盼望，跟馬利亞一起，在她兒子的十字架下忍耐等候。

假如這不是三一的第二位格，惟獨祂有能力赦免我們的罪的那一位（the One），那麼在這個用不公正和暴力組成的世界中，要像馬利亞一樣忍耐，實是愚蠢至極。所以，我們不忘記這些十字架上的說話是上帝之子的說話，是如此重要。聖子靠著聖靈在十字架上成就的工作，使我們重新作成員/肢體（re-membered），成上帝的記憶，叫世人可以知道，除了由死亡的恐懼所組成的世界外，還有另一個選擇。我們承認，我們常常忘記自己是屬上帝的、重新作成員/肢體的，也因此我們禱告：「萬福瑪利亞，滿被聖寵者，為我等今祈求。」

4.

第四言

「我的上帝！我的上帝！
為甚麼離棄我？」
（太二十七46）

I·N·R·I

康拉德（Joseph Conrad）筆下的《黑暗之心》（*Heart of Darkness*）中，庫爾茨（Kurtz）的「恐怖！恐怖！」，烙印在我們心上。我們這些上世紀的生還者，相信自己知道何為恐怖。第一次世界大戰、第二次世界大戰、奧斯威辛（Auschwitz；編按：集中營所在地）、達豪（Dachau；編按：集中營所在地）、特雷布林卡（Treblinka；編按：滅絕營所在地）、盧旺達（Rwanda）、廣島、九一一。代表死亡的名字，無盡的死亡，拼湊成我們的歷史。我們相信如果我們算是知道甚麼，我們知道何謂恐怖——潛藏的黑暗，隱伏在我們斷然表面（determinedly superficial）的人生裏，人生經過計劃，為要否認我們瀰漫著死亡的時間的黑暗。

因此，難怪耶穌在十字架上的所有說話中，我們最認同的，就是「我的上帝！我的上帝！為甚麼離棄我？」這句。我們最認同它，因我們自以為多少明白何謂被離棄的意思。恐怖圍繞我們的人生，上帝仍保持沉默。耶穌受了奇恥大辱後宣洩一下祂的挫敗，固然有點令人尷尬（我們畢竟認為祂與上帝的關係非比尋常），但這個被離棄的呼喊終究叫我們安慰。也許，上帝真的了解我們的痛苦。也許，上帝甚至與我們一同受苦——有人似乎覺得這令人感到安慰，因事實清楚指明上帝對我們的痛苦束手無策。

我們竟可以開始考慮如此想法，只是顯出

我們不肯相信，實在我們沒能力相信，懸掛在那暗淡而羞辱的十字架上的那一位（the One）是上帝。耶穌是上帝，這意味著「我的上帝！我的上帝！為甚麼離棄我？」這話，描述的不是人類施加在自己和別人身上的恐怖。耶穌這樣說，不是為了表達對人到盡頭終歸要死的焦慮。反而，如果我們要去明白這出自詩篇二十二篇的話的力量，便必要被這話所牽引，被帶進以色列之主那內蘊生命（inner life）的奧祕中。

詩篇是猶太人和基督徒的祈禱手冊，這決非偶然。我們用詩篇禱告，不是由於詩篇表達出我們的信仰經驗——雖然有時也許可以——卻是由於，我們的生命透過用詩篇禱告得塑造。但說真的，只有一個人，只有耶穌的一生，成就了詩篇想要塑造的完美祈禱。正如那些被吩咐去看顧本身是猶太人的馬利亞的，若我們忘記這些十字架上的說話是那一位（the One）的祈禱，就是以色列所仰望要來的那一位，我們不會被這些話所塑造。只有像以色列這樣屬上帝的子民，才能知道何謂被上帝離棄。這不是一般被離棄情況下的呼喊；這呼喊的，是人們期待已久的彌賽亞，為我們的緣故犧牲，因而成了犧牲（sacrifice）的終結。

這呼喊如同用棱鏡分析愛的示範，而那愛是上帝的生命。這愛是在耶穌基督裏面的，

他本有上帝的形像，
不以自己與上帝同等為強奪的；
反倒虛己，
取了奴僕的形像，
成為人的樣式；
既有人的樣子，就自己卑微，
存心順服，以至於死，

且死在十字架上。

（腓二 6～8）

耶穌被交出，耶穌順服至死，耶穌呼喊被上帝離棄，若這不是那被稱為三一的奧祕所展示的結果，那呼喊就是不可理喻的。這決非上帝變成不是上帝的東西，倒是我們在此目睹上帝自始至終是怎樣的。在此，就如君士坦丁堡第二次會議（Second Council of Constantinople）所言：「三一其中一位在肉身中受苦。」太初有道，這道與上帝同在，萬物皆藉著這道而被造成，這道照耀在黑暗裏，這道成了肉身，受苦以至於死——這道就是上帝。十字架，這句被離棄的呼喊，決非上帝變成某些不是上帝之物，決非神聖的自身隔絕（divine self-alienation）的行為；相反，這完全是上帝「倒空自己」（*kenosis*）的屬性——憑著完全的愛，得以全然倒空自己。

有些人或暗忖：若是上帝能受苦，祂才能夠愛；正正相反的，只因上帝是三一——這是指，只因上帝完全捨己（self-giving），完全一致的（self-same）喜悅——祂才能如同我們一般受苦。漢比（Michael Hanby）指出，只因上帝是上帝，是不變和永遠信實的，聖子才會被交在我們手中，乃至祂跟我們終極隔絕的地步。

巴爾塔薩如此說：

> 同一時間，父上帝因愛我們而交出聖子（「不愛惜自己的兒子」；羅八 32；約三 16），但這也由於基督愛我們（羅八 35；加二 20；弗五 2），以致父上帝無條件的愛，透過基督白白的獻出自己（self-gift；約十 18）而顯明出來。

這不是一套默劇，排演神（god）的某種抽象觀念，去表明這神明或女神真的為我們最大的益處設想。不，這是聖父定意交出基督踏上受死的命途，以致我們的命途不會是註定死亡。

在此，如威廉斯所說，我們見到「上帝那徹底、無法想像的**差異性**（differentness）」。「我的上帝！我的上帝！為甚麼離棄我？」粉碎一切用人的詞彙去理解上帝的意圖。舉例說，我們讚美上帝，形容上帝是超越的（transcendent），但諷刺的是，我們對「超越」的觀念，可將上帝變成按我們心中喜好的受造物。我們對上帝的想法，我們假設——上帝必定有至高無上的主權，使一切都變得對我們有利，最少就長遠來說——被耶穌這句被離棄的呼喊揭穿，只是拜偶像而已。我們假設出來的神（god），供我們用來為事情強加某些目的，免得以為事情是盲目的宿命（blind fate），把十字架上的這些說話破除瓦解。

這些十字架上的説話及十字架本身，意味著當一切權力（power）——至少就我們對權力的理解——都消聲匿迹後，聖父才會被尋見；當人的各種形式的權威（authority）盡數消失後，聖靈具權威的見證才最清楚顯明；並且在這個死囚身上體現出來的，是上帝的權力和權威。耶穌在彼拉多面前沉默不言，其含義如今終可得悉——原來那是指，耶穌拒絕接受世界用來理解權力和權威的説法。説實話，我們和彼拉多站在同一陣線。我們不想放下自己對上帝的理解。我們不想耶穌被離棄，因我們不想承認那位離棄人又被離棄的，竟是上帝。我們盡力「解釋」這被棄之言，為要拯救和保護上帝不致因做上帝而出醜。但我們嘗試這樣去保護上帝，就反映我們多麼害怕發現上帝拒絕用暴力去拯救我們。

我們以為上帝看似最為隱藏之際，正是上

帝最為彰顯之時。哈特(David Bentley Hart)說：「基督最具絕對特殊性的一刻——在十字架上被絕對離棄——正是上帝的榮耀，即祂可以無處不在、超越時空的能力，展示在世人眼前的時刻。」在此，上帝在基督裏，拒絕讓我們的罪決定我們與祂的關係。上帝創造我們，在其中顯明了祂的愛；上帝愛我們，意味祂只可能憎惡，那使祂的受造物與祂的愛隔絕的東西。耶路撒冷的區利羅(Cyril of Jerusalem)指出，基督呼叫聖父為「我的上帝」，乃是代表我們、代替我們發出這呼喊。聽見「我的上帝！我的上帝！為甚麼離棄我？」這句話，便知道上帝之子代替了我們，為我們，成了我們的罪所造成的離棄，叫我們可以活著相信這世界已被這十字架所救贖。

既蒙了救贖，任何對十字架的說明，暗示到上帝總之必須靠為我們犧牲聖子去滿足某種抽象的公義理論（theory of justice），都明顯是錯誤的。這樣的說明根本錯得要命。聖父犧牲聖子，聖子甘心犧牲，這就是上帝的公義。就如上帝不會不是聖父、聖子和聖靈，同樣神（god）不會是必須被滿足，人才會得以存留的。我們得以存留，因為上帝拒絕讓我們走失。「恐怖！恐怖！」不是人存在的最後定論，永不可能如此。這不可能是最後定論，因聖子順服至死，意味：

所以，上帝將他升為至高，
又賜給他那超乎萬名之上的名，
叫一切在天上的、地上的，和地底下的，
因耶穌的名無不屈膝，
無不口稱「耶穌基督是主」，
使榮耀歸與父上帝。
（腓二 9～11）

5.

第五言

「我渴了。」（約十九 28）

基督說：「我渴了。」「我渴了」？三一的第二位格，怎麼可能「渴」呢？一定是要用比喻的角度理解吧。但若這只是比喻 —— 為我們的好處說出來的，向人保證三一的第二位格耶穌想認同我們的命運 —— 那麼，十字架就只是個殘酷的玩笑。若是如此，我們應該怎樣理解「我渴了」？

約翰告訴我們，說出這句話，是為要成全（fulfill）聖經上的話。詩篇二十二篇 14 至 15 節寫到：

我如水被倒出來；
我的骨頭都脫了節；
我心在我裏面如蠟鎔化。
我的精力枯乾，如同瓦片；
我的舌頭貼在我牙牀上。
你將我安置在死地的塵土中。

有人見到耶穌口渴，便用一塊海綿蘸滿了酸酒（編按：《新標點和合本》記載為「醋」），綁在牛膝草上給祂渴。此情此景，令人想起詩篇六十九篇21節，詩人收到毒物（編按：《新標點和合本》記載為「苦膽」）為食物，以及醋為飲料。

毫無疑問，這些詩篇使目擊耶穌被釘十架的人的回憶成形；但即使如此，也不等於耶穌並非真的渴了，並非真的受苦。耶穌渴了、耶穌受苦，跟詩篇所記載的一致，這提醒我們，耶穌是以色列的兒子。以色列受苦，以色列遭離棄，在耶穌的十字架上達到高潮。最後，在這「我渴了」，我們見到以色列承受隱含基督影子的苦難的終點。

可是，我們仍覺得以色列渴了是一回事，耶穌渴了是另一回事。為要成全聖經上的話，這是甚麼意思？這是否表示耶穌的舌頭沒有「貼在牙牀上」？固然祂確實渴了，但我們仍感困惑。耶穌在十字架上受了種種身體虐待，何以偏偏只提口渴？

請別忘記，這卷是約翰福音。在這卷福音書中，耶穌向撒馬利亞的婦人要水渴，只換來對方說祂是猶太人，不應向撒馬利亞人要水。她又說耶穌所應許的活水看來頗不現實，因祂沒有打水的器具。耶穌回答說，人人喝了這水井的水，還會再渴，但「人若喝我所賜的水就永遠不渴。我所賜的水要在他裏頭成為泉源，直湧到永生」(約四 13～14)。

如果耶穌真是這活水，祂怎可能在十字架上說「我渴了」?「我渴了」這句話，跟我們在約翰福音中所見的耶穌很格格不入。約翰福音中的耶穌，乃「我是」的耶穌：「我是生命的糧」(約六 35)，「我是世界的光」(約八 12)，「我是好牧人」(約十 11)，「我是復活和生命」(約十一 25)，「我是真葡萄樹」(約十五 1)。看來如此自信、掌管一切的耶穌，怎可能渴了？

承認我們(這是指，具現代觸覺的人)頗為喜歡耶穌會渴的想法，我想這是重要的。我們認為假如自己昔日身處十字架旁，必定會想給耶穌一些東西喝。另一方面，這「我是」的耶穌看來太專注自己(self-involved)。我們不顧一切地想耶穌做個好好先生，但約翰福音中的耶穌看來太有壓迫感，跟我們大不一樣。「我渴了」至少是某個顯示，表示出祂也有正常、人性的（human）一面。

馬太福音和馬可福音中，耶穌喉嚨乾涸，似乎意味祂被離棄的呼喊在當時不易為人所理解。有人猜想耶穌呼叫以利亞來救祂。以利亞未死便被提到上帝那裏，所以有人認為耶穌或也會不死升天，因耶穌聲稱祂自己和祂的工作是非比尋常的。然而，由於我們回頭看而得知耶穌會死，相比之下我們可能頗有優越感，相對從前的人猜想以利亞必須比彌賽亞先來。既然耶穌會死，不難想像祂也可能口渴吧。但我懷疑，我們嘗試把耶穌說「我渴了」，理解為是顯示祂的「人性」，是跟從前那些人差不多；他們認為根據他們想到的、不同有關以利亞的理論，可以最準確地理解耶穌。

真相是，耶穌說「我渴了」這句話，將我們拉入「道成肉身」（Incarnation）的極大奧祕中。但提到「道成肉身」，這沒有「解釋」何以耶穌在十字架上說「我渴了」。甚至，若以為三一、道成肉身等我們重要的信仰教義，是旨在用來解釋的，我們便弄錯了。這些教義其實純粹用來指稱一些奧祕，這是，指稱那人人可有目共睹、卻是不能參透的救恩，是在基督裏成就的。如威廉斯所指，我們被吸引想解釋「三一」和「道成肉身」，因我們想「相信」(believe)一些自己身外之物，好要忘記「它們其實是涉及人類世界中一些極其深邃又可怕的分歧」。照威廉斯主教看，我們必須記住，教義的目的是為了使我們靜止，在我們內心創造深度，「有空間去徹底改變我們怎樣思想自己和怎樣行事」。

如果「道成肉身」指稱的僅是一堆信念(beliefs)，我們便會被吸引，例如，認為「我渴了」這句話，一定是由「完全的上帝、完全的人」的那一位(the One)裏頭那「完全的人」

(“very man”)說出來的。這像是說，我們想到耶穌是完全的上帝並完全的人，就是說祂有五成是上帝，有五成是人。這是說，耶穌一定是半上帝半人。但就「道成肉身」而言，教會謝絕這樣的分割，堅持耶穌是百分百的上帝，同時也是百分百的人。渴了的那一位(the One)，是那一位獨一的上帝，是完全的上帝，並完全的人。

另外，耶穌渴了，提醒我們「道成肉身」指稱一段真實而特定的人生。我們恰當地敬重馬利亞說「情願照你的話成就在我身上」。我們恰當地慶賀我們的主成胎和出生。如果上帝不在馬利亞的腹中，我們就不會得救。但如此成胎的那一位(the One)，同樣是要代替我們成就一些事的。祂的順服攸關重要，如此的順服代價極大。祂有一個杯要渴下，但這是死的杯。耶穌在曠野抵抗魔鬼，並且祂在客西馬尼園中祈求挪去這杯，我們從而可見其代價。但若要救我們脫離這乾涸——我們的生命——這杯就不能挪去。

在耶穌的「我渴了」中，我們再次面對自己的渴想，就是想有一位不靠十字架來拯救我們的上帝。我們始終盼望，如果在十字架上受苦的那一位（the One）某方面跟上帝有所關連，那麼一定會留有餘地的，一定有所保留：這位渴了的上帝必會找到方法逃過十字架。聖子肯定不是聖父，但我們從約翰福音得知，耶穌宣稱聖父所賜給祂的，「比萬有都大，誰也不能從我父手裏……奪去。我與父原為一」（約十29～30）。「三一」所指稱的，並非一位沒有完全呈現（present）於道成肉身的神。相反，沒有道成肉身，我們不會知道聖父藉著聖靈對聖子的愛。

聖子的工作，聖子藉著聖靈的渴，不是別

的，正是聖父對我們的渴想（thirst）。上帝渴求我們去渴求上帝。我們被造是為了「在乾旱疲乏無水之地」（詩六十三篇），渴想上帝（詩四十二篇）。這樣的渴求是「身體的」（physical）和真實的，就如我們渴了想飲水，就如人與人渴想對方，就如我們渴求上帝。所以，若有人問我們何竟會敬拜這耶穌，我們最具決定性的回答是反問：「難道你不需要吃東西和喝水嗎？」我們的上帝，我們那渴了的上帝，是那一位（the One）有資格對我們說：「人若渴了，可以到我這裏來喝。信我的人就如經上所說的：『從他腹中要流出活水的江河來。』」（約七 37 ～ 38）

藉著洗禮的水，我們為這世界而被做成上帝的身體。我們渴想對方，叫世人可以知道這世界已被救贖，這救贖是真實的，如同我們生存所必需的水一樣真實。那救贖在我們主的身體和血中可被找到，它永遠消解我們的渴想。我們得解渴後，便成為世人的提醒：上帝沒有離棄我們，因此我們能夠信靠祂的應許：在一個相信沒時間的世界中，只要在某程度上我們花時間去關心那些渴想上帝國度的人，那國度必會臨在（present）。

6.

第六言

「成了！」（約十九 30）

「成了」不是死亡的悲鳴。「成了」不等於「完蛋了」。「成了」，並非如我們所知這些十字架上的說話那傳統的排序一般，不會是耶穌的最後說話。「成了」是勝利的呼喊。「成了」是得勝的呼喊：我要來做的事已完成了。一切都已成就，已完成，已成全。

而且，十字架便是所完成的工作。祂將復活，亦已復活；但已復活的那一位（the One），依然是被釘十字架的那一位。威廉斯提醒我們，巴斯噶（Pascal）坦言「耶穌將受痛苦，直到世界的末了」。這話必令人意識到，我們活於時代（times）之間——那國度已在基督裏展開，但要等到世界的末了，才會圓滿實現或完全。威廉斯指出，巴斯噶談及耶穌不斷受痛苦，不是評論非信徒該受譴責，反是想勸勉我們相信基督的人。別緬懷似是較少妥協的過去，或以某種想像出來的純潔的將來，來作為避難所，卻要處身於這時代之間滿佈張力的時間中，對此保持醒覺：我們無力「逗留在這個耶穌所在、而幾乎令人不能承受的此時此刻」。

約翰福音明明指出另外三卷福音書的假設——這是指，十字架不是敗仗，卻是我們上帝的得勝。約翰福音較前面的篇章提及，耶穌祈求藉著祂的順服去榮耀聖父的名，從天上就有聲音對祂說：「我已經榮耀了我的名，還要再榮耀。」耶穌告訴我們，這聲音是為了我們發出的，叫我們知道「現在這世界受審判，這世界的王要被趕出去。我若從地上被舉起來，就要吸引萬人來歸我」(約十二28～32)。「被舉起」是指十字架，聖父要將聖子升高，使我們可以得救。

而且，如彼拉多所強調，這是猶太人的王。被釘十字架並沒有延誤祂作王；反而，釘十字架是這王統治的方式。被釘十字架是國度的降臨。這是期待已久那重大的天啟時刻(apocalyptic moment)。在此，這世界的權勢被永遠顛倒過來。藉著耶穌被舉起在這十字架上，時間(time)如今被贖回。新時代已展開。國度在此誕生，一個新的政體揭幕，為敬拜和追隨耶穌的人創造一種新的生活方式。

在此所成就的工作，可確切地被形容為「創造」(creation)。在他寫的《相信獨一上帝的三個方法》(*Believing Three Ways in the One*

God）中，拉希（Nicholas Lash）叫人注意一份五世紀年曆的三月二十五日，該日被視為「耶柔米編纂的殉道士史迹」（martyrology of Jerome；譯按：根據拉希的寫法，應是那年曆稱為史迹，而非該日），提到：「我們的主耶穌基督被釘十字架，並成胎，世界也被創造而成。」拉希指出這一天，耶穌被釘十字架的日子，上帝使一切活過來，「從無造有」（*ex nihilo*），在我們這個被罪毀損的世界中造一個家。「出於童女的母腹，基督成胎。出於加略山那震懾世界的死亡，生命從空墳墓中重生。基督的恐怖，是上帝的道的（God's Word's）人性脆弱點。但是，正是這脆弱點，這投降，絕對的關係，從黑暗中帶出成了的生命，罪的寬恕。」

在創造的第六日，「上帝看一切所造的都甚好」（創一31）。所以在第七日，上帝「歇了他一切的工，安息了」（創二2）。故此，第七日被尊為聖。但是，上帝的工作，即三一的工作，於耶穌在十字架上鄭重宣告「成了」後，才臻於圓滿（consummated）。如愛任紐（Irenaeus）所說，祂的生、祂的死、祂的復活，重演（recapitulate）世界的創造，重演上帝與以色列所立的約，在道成肉身裏使創造與救贖合而為一。

約翰福音起首便說：

> 太初有道，道與上帝同在，道就是上帝。這道太初與上帝同在。萬物是藉著他造的；凡被造的，沒有一樣不是藉著他造的。生命在他裏頭，這生命就是人的光。光照在黑暗裏，黑暗卻不接受光。（約一 1～5）

創造有一個終點，創造要臻於圓滿；而這終點和圓滿的名字，叫耶穌。

罪，決定不了耶穌的任務的特性。固然，耶穌來了叫我們可以得救贖；但我們得救贖，不過是這齣時間之始至終的戲劇的其中一個動作。羅傑斯（Gene Rogers）在他寫的《追隨聖靈》（*After the Spirit*）中指出，我們用「得救贖」來指稱一段依據起點去定義的情節。我們始於被奴役，從被奴役中得救贖。不過，臻於圓滿的情節不由起點，而是由終點所決定：「它的終點是喜樂，**在其中人與那位**合一。」圓滿結局是喜樂，是藉著上帝的愛，藉著上帝與我們建立情誼才有可能發生的。在耶穌裏，救贖和圓滿結局成了情節，於一個故事中，就是上帝堅定地愛祂的創造的故事中。我們，作為外邦人，也被歸入以色列的救贖，正顯示出上帝愛的豐厚，以及新的創造（new creation）已大功告成。

那是因何「成了」是這樣的好消息。對愛任紐來說，耶穌重演一切上帝為我們所成就的，直到最終的圓滿實現。但這意味，這在基督裏的重演，在世上持續。我們，基督的身體，靠著聖靈，轉變成「那成了的」（the finished）。我相信，亞他那修（Athanasius）的名言——上帝變成人，使人可以變成神聖的（divine）——就是這個意思。正如紐豪斯（Richard Neuhaus）在他的《死於星期五的下午》（*Death on a Friday Afternoon*）中，反思十架七言時所說，這是指：「『成了』，但未完結。」上帝仍在工作，使我們，即祂的受造物，成神聖的（divine）。

完結了的，是我們不再徒然費力試做自己的創造主。福特（David Ford）說，發生了的，就是我們被制服。上帝的愛將我們制服；從上帝的愛，我們能夠看出上帝看顧一切是何等的美。如今我們可以在暴力的世界中和平生活，成為上帝的復和使者。我們能夠這樣生活，不是因我們能解答世上所有的難題，而是因上帝已給了我們沒有答案仍能活下去的生存方式。

這樣活著，不表示我們將會不用受苦，卻意味如今我們能夠活著，知道正是透過受苦，上帝的國度彰顯。保羅寫信給歌羅西的信徒說：

> 現在我為你們受苦，倒覺歡樂；並且為基督的身體，就是為教會，要在我肉身上補滿基督患難的缺欠。我照上帝為你們所賜我的職分作了教會的執事，要把上帝的道理傳得全備，這道理就是歷世歷代所隱藏的奧祕；但如今向他的聖徒顯明了。上帝願意叫他們知道，這奧祕在外邦人中有何等豐

> 盛的榮耀，就是基督在你們心裏成了有榮耀的盼望。（西一 24～27）

保羅不是想說，他必須繼續受苦，因為耶穌在十字架上所受的苦不夠。相反，保羅能夠受苦，正因十字架的工作已完成了。基督是得勝的。在十字架上，我們看見那不可見之上帝的形象，天上地上的萬有，包括看得見的和看不見的，所有有權位的、統治的、執政的及掌權的，都是在那一位（the One）裏面被創造的。祂就是那一位，在萬有之先，萬有在祂裏面得完整。因此祂成了「教會全體之首。他是元始，是從死裏首先復生的，使他可以在凡事上居首位。因為父歡喜叫一切的豐盛在他裏面居住。既然藉著他在十字架上所流的血成就了和平，便藉著他叫萬有——無論是地上的、天上的——都與自己和好了」（西一 18～20）。

上帝完成了惟有上帝才能完成的。基督的犧牲是一份禮物，超過任何欠債。我們的罪已被消除（consumed），以致人生可以散發上帝之聖靈的美。這是何等奇妙的消息：「『成了』，但未完結。」未完結，因上帝使我們，即教會，「未完結」。我們被造而成為見證，好叫世界——一個沒時間去理會被釘十架的上帝的世界——可以知道我們有上帝國度的無盡時間，可以彼此和平生活。

7.

第七言

「父啊！我將我的靈魂交
在你手裏。」
（路二十三 46）

無數基督徒步向死亡時，也曾重複這句話：「父啊！我將我的靈魂交在你手裏。」我們聖公會信徒，在葬禮禮儀上會禱告說：「慈悲的救主，我們將祢的僕人交在祢手中。」基督徒仿效耶穌說出這話，因我們假設，當面對死亡指稱的未知時，這些是安慰之言。這句話可以且理應帶來安慰，但這句話不應使我們忘記，這耶穌死前最後的話，是表明祂甘願擁抱地獄的冰冷死寂。所以「父啊！我將我的靈魂交在你手裏」，這句話的每個字，都跟耶穌先前被離棄的呼喊那樣，令人心寒。

耶穌不是要安慰自己；祂是向聖父示意，祂預備好面對惟有耶穌才能做的最後工作。

耶穌上十字架之始已向父祈禱。所以，於臨近死亡之際，祂以惟有上帝之子才能發出的祈禱，再次祈禱，這並不令人意外。祂向父祈禱。這應提醒我們，我們只能模仿耶穌的祈禱。我們能夠複述祂的話，只因耶穌沒有任何可以仿效的對象。耶穌是基督，但基督只在耶穌這人身上被知道。耶穌不是「基督式人物」（Christ-figure），如果我們以為「基督式人物」是指那人示範放諸四海皆準的捨己為人風範的。耶穌不是「基督式人物」，如果我們以為祂的死示範我們都應怎樣死；這是指，我們以信心面對死亡，認為死亡不足畏懼。不，耶穌之死是真實而特殊的，祂是過去、現在和將來一切的救主，被我們親手置諸死地——「說了這話，氣就斷了」。死了，耶穌死了。

約翰福音一章18節指出，除了聖子，沒有人能見聖父。所以，巴爾塔薩提醒我們，「聖子，就是聖父的道，死了後，沒有人能見上帝，聽見或達到祂。而聖子死了，因而聖父不能被接近，而這一天還在持續」。耶穌正是將自己交給這樣的恐怖、聖父的沉默，所以祂叫出被離棄的呼喊。祂將自己交給聖父，叫祂可以為我們熬過死亡的黑夜。耶穌將自己交給聖父，為我們所有人的緣故，變成了跟上帝相反的一切。基督因成為那個「不」——祂用自己生命成就的救恩所創造的——而受苦。沒有基督，就不可能有地獄——沒有被上帝離棄這回事——但基督所創造出來的地獄，不能吞吐噬祂對我們的愛。

耶穌真的死了，祂正步向聖週六（Holy Saturday）。地獄將會被尊為聖。耶穌走到與自己、與別人、與上帝隔絕的那些人中，越過他們人生的沉默死寂。獨有祂、上帝的道，才能使能說話但不能聽的人有可能溝通。惟有上帝之子才能負起這任務——完全被交給死亡，但卻反倒贖回死亡所指稱的破壞。為此上帝之子來了，取了人的樣式，使福音可以傳開，如彼得前書四章6節所說：「就是死人也曾有福音傳給他們，要叫他們的肉體按著人受審判，他們的靈性卻靠上帝活著。」由於上帝之子耶穌已完成這大工，所以祂能在啟示錄中告訴我們：「不要懼怕！我是首先的，我是末後的，又是那存活的；我曾死過，現在又活了，直活到永永遠遠；並且拿著死亡和陰間的鑰匙。」（啟一17～18）

這大工使我們得以受洗歸入祂的生、祂的死。耶穌透過交出自己，將自己的靈交給聖父，邀請我們，又使我們能夠交出自己，「在他死的形狀上與他聯合」（羅六5）。藉著受洗，我們被歸入耶穌的死與生。我們被作成上帝這齣偉大終末劇（eschatological drama）的一部分；這齣劇涉及宇宙萬有，劇中的大地被黑暗遮蔽，因太陽不放光。甚至聖殿的幔子撕裂為兩半，因耶穌，

> 按著肉體説，他被治死；按著靈性説，他復活了。他藉這靈曾去傳道給那些在監獄裏的靈聽，就是那些從前在挪亞預備方舟、上帝容忍等待的時候，不信從的人……藉著水得救的不多……這水所表明的洗禮，現在藉著耶穌基督復活也拯救你們；這洗禮本不在乎除掉肉體的污穢，只求在上帝面前有無虧的良心。耶穌已經進入天堂，在上帝的右邊；眾天使和有權柄的，並有能力的，都服從了他。（彼

前三 18～22）

基督沒有基督可給祂效法，但我們從彼得前書及詩篇可見，祂所成就的，是人所期待的事。「父啊！我將我的靈魂交在你手裏」這句話，是詩篇作者的祈禱：

因為你是我的巖石，我的山寨；
所以，求你為你名的緣故引導我，指
　　點我。
求你救我脫離人為我暗設的網羅，
因為你是我的保障。
我將我的靈魂交在你手裏；
耶和華誠實的上帝啊，你救贖了我。
（詩三十一 3～5）

惟有如今，耶穌死了，我們才開始明白用

詩篇祈禱和歌唱時，我們祈禱和歌唱的是甚麼。在詩篇裏，我們獲邀發出抱怨（編按：出自詩篇十三篇 1 至 2 節）：

耶和華啊，你忘記我要到幾時呢？要
　　到永遠嗎？
你掩面不顧我要到幾時呢？
我心裏籌算，終日愁苦，要到幾時呢？
我的仇敵升高壓制我，要到幾時呢？

詩人拒卻説謊。上帝與以色列所立的約，考驗了以色列。以色列犯了罪，受審判，使她不再存任何虛妄想像。詩人直言不諱——上帝不記念，上帝沒有撥亂反正。（編按：以下出自詩篇十三篇 3 至 4 節）

耶和華——我的上帝啊，求你看顧

我，應允我！
使我眼目光明，免得我沉睡至死；
免得我的仇敵說：我勝了他；
免得我的敵人在我動搖的時候喜樂。

但詩人，以色列，歡欣快樂。即使仇敵獲勝，疾患纏身，兒女受苦，而死也是必然，以色列仍歡欣快樂。

但我倚靠你的慈愛；
我的心因你的救恩快樂。
我要向耶和華歌唱，
因他用厚恩待我。（詩十三篇）

耶穌變成了聖父為世人寫的詩篇，實現了以色列那無休止的盼望，就是死亡、以及必然且永遠是死亡的那審判，不是最後的定論。

賽慈（Christopher Seitz）指出，上帝為我們變成了死亡，消滅「任何我們懷疑可能存在的差距——在上帝與祂向我們完全揭示的祂之間的差距」。耶穌將自己完全交給聖父，悲痛地交給死亡，藉以使我們加入上帝所應許的子民——以色列。

像以色列，像猶太人一樣，我們必會被迫害，必會受苦，必會死。但由於耶穌在十字架上所成就的，我們必能帶著信心死，祈禱說：「父啊！我將我的靈魂交在祢手裏。」我們能夠如此祈禱，因我們有好像德謝格般的見證人，為我們用身軀作提醒：基督已藉著十字架得勝。能夠如此祈禱，因基督向那強盜所作的應許，也是祂向我們的應許。能夠如此祈禱，因馬利亞說「我在這裏」。能夠如此祈禱，因我們知道耶穌完全且甘願分擔我們的存在，甚至接受我們犯罪所必然招致的審判。

所以，來吧，近前來，不用怕，來看耶穌那十字架的奧祕和奇妙。

參考書目

Augustine, sermon 169, 11, 13.

Cantalamessa, Raniero. *Mary: Mirror of the Church*. Collegeville, MN: Liturgical Press, 1992.

Ford, David F. *The Shape of Living: Spiritual Direction for Everyday Life*. Grand Rapids, MI: Baker, 1997.

Hanby, Michael. "War on Ash Wednesday: A Brief Christological Reflection." *New Blackfriars* 84/986 (April 2003): 168～178.

Hart, David. *The Beauty of the Infinite: The Aesthetics of Christian Truth*. Grand Rapids, MI: Eerdmans, 2003.

James, William. *The Varieties of Religious Experience*. New

York, NY: Mentor, 1958.

Kiser, John W. *Monks of Tibhirine*. New York, NY: St. Martin's, 2002.

Lash, Nicholas. *Believing Three Ways in One God: A Reading of the Apostles Creed*. Notre Dame, IN: University of Notre Dame Press, 1993.

McCabe, Herbert, OP. *God Still Matters*. London: Continuum, 2002.

Neuhaus, Richard John. *Death on a Friday Afternoon: Meditations on the Last Words of Jesus from the Cross*. New York, NY: Basic Books, 2000.

Rogers, Eugene. *After the Spirit*. Grand Rapids, MI: Eerdmans, 2005.

Seitz, Christopher. *Seven Lasting Words: Jesus Speaks from the Cross*. Louisville, KY: Westminster John Knox, 2001.

Turner, Denys. "On Denying the Right God: Aquinas on Atheism and Idolatry." *Modern Theology* 20/1 (January 2004): 141～162.

von Balthasar, Hans Urs. *Mysterium Paschale*, translated with an introduction by Aidan Nichols, O.P. Grand Rapids, MI:

Eerdmans, 1990.

Williams, Rowan. *Anglican Identities*. Cambridge, MA: Cowley, 2003.

______. *Christ on Trial: How the Gospel Unsettles Our Judgment*. London: HarperCollins, 2000.

為這書創作美術插圖

《當祂在十架上》助我再次更深走近耶穌。我真的不喜歡走向十字架——我通常覺得自己像那被迫替耶穌背負十字架的人，跟祂一起走。但我知道自己需要不斷走向十字架，因每次我這樣做，我就得到多一點自由。所以，對藝術工作者而言，這樣的工作就變成一種屬靈操練。搜尋適合的圖像加以改良，確實將我更深帶進上帝的同在。我祈求並盼望為這書創作的插圖，可以加強上帝想透過侯活士的默想表達的信息。

我是個視覺型的人，所以收到一份純文字的稿件，沒有圖片，起初真叫我頭昏腦脹；眼睛盡力對焦，卻不能聚焦，眼花繚亂。所以，面對這樣的工作，我以一個簡單的禱告開始，祈求上帝幫助，然後每次閱讀一點點。接著一再翻閱同一段。閱讀過程中，我用鉛筆素描出浮現在腦中的畫像。這些草圖都非常粗陋，有時甚至並不切合文字內容。舉例說，為耶穌「我渴了」的呼喊構圖時，我最先想到的，是一塊綁在槍尖上蘸滿醋的海綿。但後來我反思侯活士的言論，便開始從耶穌渴望跟我們建立關係的角度來思想這話。我會嘗試不同的構圖組合和布局，由得畫作自身不斷演進，向新路線發展。我也到圖書館搜集資料，把六十磅重的特大美術史冊帶回家，以助引發我的靈感。我實在不能從一片空白中創作，旁邊需要有能引發靈感的圖像和物件。

這書中的圖畫是用木刻印的工序印刷出來。如上文所述，先是用鉛筆素描開始。由素描製成木刻板是一個不可思議的轉化過程，因兩種媒體實在迥然不同。用鉛筆繪畫，你只需輕輕劃過紙張，立時留痕。但要製作木刻印畫，就要在一塊平滑的木版上雕刻，再塗上油墨，在紙上印出印記；遠遠比不上繪畫來得直接和即時。而且，木頭耐得住刀刻，木屑也會影響刀的方向。因此，這媒介為每幅已完成的圖像添加一份獨一無二的味道。

我畫好素描的構圖後，便用一枝白色顏色筆，把圖像轉移到一塊塗黑了的樺木夾板。接著的步驟，便是把不沾油墨的反白處刮出來，剩下凸起的表面吸墨，印出黑色圖畫。這種印刷工序簡易得很，方法沿用了幾千年不變。印出來的效果，總是粗獷原始的，相比今時今日不斷轟炸我們的平滑的圖像，可謂別樹一格。

我很榮幸獲邀參與這工作。或許，隨著我們的文化變得愈來愈走向視像主導，有一天我們可能會重回到彩繪的手抄本。

比爾霍斯特（Rick Beerhorst）

緊扣時代 服事教會

以文字傳揚基督真道

讀者意見表

衷心多謝你購買本社書籍。本社一直致力以出版事工服事教會，幫助信徒扎根於神的話語，促進靈命增長。為使我們的出版更能滿足你的需要，請填寫下列各項資料，並寄回或傳真予本社。

所購書籍：______________________

本書最吸引你的地方：
☐作者 ☐適切性 ☐文筆 ☐設計 ☐實用性
☐其他：______________________

購買本書地點：
☐基道書樓 ☐基督教書店 ☐非基督教書店

性別：☐男 ☐女 職業：______________

信仰：☐基督徒 ☐非基督徒

年齡：☐ 16 歲或以下 ☐ 17～25 歲 ☐ 26～35 歲
☐ 36～55 歲 ☐ 56 歲或以上

學歷：☐中三或以下 ☐中五 ☐預科
☐大學 ☐研究院

☐我欲更多了解基道出版社的事工及考慮支持，請寄給我下列資料：
☐機構簡介 ☐新書資料 ☐基道會員通訊
☐《基道文字事工通訊》

姓名：______________________ 電話：______________

地址：______________________

____

傳真：______________ 電子郵件：______________

其他意見：______________________

____

多謝賜教！

意見表可以傳真（2687-0281）或直接郵寄以下地址：
香港沙田火炭坳背灣街26號富騰工業中心1011室
基道出版社編輯部收